RECONSTRUCTION

DE LA

VILLE DE LA POINTE-A-PITRE

(GUADELOUPE)

CRÉATION D'UN ÉTABLISSEMENT

DE

MAGASINS GÉNÉRAUX

Par **M. V.-H. Thomas de CLOSMADEUC**

PARIS

TYPOGRAPHIE DE GAITTET

1, RUE DU JARDINET

1871

RECONSTRUCTION

DE LA

VILLE DE LA POINTE-A-PITRE

(GUADELOUPE)

CRÉATION D'UN ÉTABLISSEMENT

DE

MAGASINS GÉNÉRAUX

Par **M. V.-H. Thomas de CLOSMADEUC**

PARIS

TYPOGRAPHIE DE GAITTET

1, RUE DU JARDINET

1871

RECONSTRUCTION

DE LA

VILLE DE LA POINTE-A-PITRE

CRÉATION D'UN ÉTABLISSEMENT

DE

MAGASINS GÉNÉRAUX

I

Exposé. — En moins d'un siècle, la ville de la Pointe-à-Pitre a été ensevelie trois fois sous de nouvelles ruines. Les victimes ont été nombreuses, les pertes immenses, les fortunes anéanties. (1)

Mais tel est le courage de la population, son initiative ; la puissance de production du pays, ses ressources ; la situation exceptionnellement avantageuse de la Pointe-à-Pitre comme entrepôt de commerce, qu'en moins de vingt ans après les désastres de 1780 et de 1843, la ville était entièrement relevée, et sa prospérité revenue.

Certes, la lutte heroîque, soutenue avec une si rare opiniatreté, contre d'épouvantables malheurs, proclame

(1) En 1780, un incendie a dévoré en peu d'heures, les modestes constructions en bois, qui formaient alors la Pointe-à-Pitre. — En 1843, un tremblement de terre a renversé les maisons reconstruites en pierres, et le feu a achevé la destruction de la ville.— Le 18 juillet dernier, un nouvel incendie a détruit presque entièrement la Pointe-à-Pitre.

bien haut l'intelligence et le courage des habitants de la Pointre-à-Pitre. Mais l'imprévoyance et le défaut de calcul, dans la réédification de la ville; vont-ils compromettre encore une fois, le prix de tant de courageux efforts? Non! il faut éviter un état de choses plein de danger pour l'avenir; il faut la sécurité contre de nouveaux coups.

II

Le plus grand danger pour une ville exposée, comme la Pointe-à-Pitre, à des secousses de tremblement de terre et à des incendies, c'est évidemment l'état d'agglomération de ses constructions, car, sous l'action de la trépidation du sol, les maisons se choquent, se brisent plus sûrement, et leur masse ne laisse ni place, ni sortie aux malheureux fuyant la mort; et le feu, s'il éclate sur un point de la ville, propage facilement et rapidement l'incendie; un seul groupe de maisons embrasées devient un foyer menaçant dans un pays chaud et sec. Les constructions en fer et en briques, dans les mêmes conditions d'agglomération, diminuent peu le danger, car le fer, (1) qui n'a point d'élasticité, peut également se briser ou se tordre dans un mouvement du sol, et amener l'écroulement des constructions; et en cas d'incendie, il acquiert lui-même, on le sait, une température élevée.

(1) Les fers employés dans la construction des bâtiments sont plus ou moins résistants, suivant leur préparation. Il en est qui sont cassants à froid et à chaud, et qu'il faut rejeter absolument

III

Seul, l'isolement des constructions peut donner à une ville aussi menacée que la Pointe-à-Pitre, une sécurité relative, suivant la nature des matériaux de construction ; on se l'explique aisément : une maison isolée suit plus facilement le mouvement du sol ; (1) et si elle tombe, elle n'entraîne que ses propres ruines. On ne peut donc contester que l'isolement des constructions ne soit une garantie contre de plus grands malheurs. Si en 1843, les maisons de la Pointe-à-Pitre eussent été isolées, comme celles de St-Denis à la Réunion, et de presque toutes les villes dans l'Inde, il n'est pas douteux que la catastrophe n'eut eu des résultats infiniment moins désastreux ; beaucoup de maisons eussent été épargnées ; l'incendie eut été facilement circonscrit ; la population eut compté peu de victimes ; et, enfin, les pertes matérielles eussent été également moins importantes.

IV

Si la Pointe-à-Pitre ne veut pas périr, il faut qu'elle modifie son plan actuel de constructions, et adopte un système d'isolement, pour la réédification de la ville.

(1) Le mouvement qui constitue le tremblement de terre, ce grand phénomène géologique, a lieu de différentes manières. Fort souvent, c'est une simple trépidation, comme si la terre était choquée de bas en haut sur un point unique ; d'autres fois, c'est un mouvement d'oscillation dans une direction horizontale qui ressemble au roulis d'un vaisseau sur une mer agitée ; dans quelques cas, c'est une espèce de tournoiement ou de mouvement gyratoire.

Elle pourra alors continuer l'emploi plus économique du bois et de la pierre, en les combinant dans ses constructions. Une maison intelligemment construite, partie en bois, partie en pierres ou en briques, peut résister convenablement aux secousses de la terre, et est en même temps une proie moins facile pour le feu. La durée de quelques-unes de ces maisons dans les campagnes de la colonie, en est la preuve et en atteste la convenance.

Mais comment établir des constructions isolées dans une ville, alors que le terrain est divisé sans proportion, et représente des intérêts multiples et différents? sans doute, un propriétaire ayant un vaste emplacement, voudra, autant pour sa propre sécurité que pour la conservation de sa fortune, avoir sa maison complètement isolée. Mais celui qui n'a que le terrain nécessaire pour son commerce et son habitation, comment fera-t-il? Pourra-t-il acheter de son voisin ou faudra-t-il qu'il lui vende? D'ailleurs, le plan géométrique de la ville permettra-t-il de satisfaire à tous les besoins? Voilà autant d'objections graves, qui semblent démontrer l'impossibilité d'un système d'isolement. Pourtant, le projet développé à la suite va montrer que la chose est facile, et de plus qu'elle sera un nouvel élément de prospérité pour la colonie.

V

Il convient de dire de suite que l'idée dominante du projet est celle du prompt établissement de l'existence commerciale de la Pointe-à-Pitre.

Rendre au commerce ses magasins, assurer ses marchandises contre de nouveaux risques, laisser au négociant son capital actuellement disponible, diminuer ses frais généraux, développer son crédit , lui permettre de se placer avec sa famille dans de meilleures conditions de sécurité, d'hygiène et d'économie, tel est le but du projet.

Le moyen industriel est d'établir de vastes magasins généraux, construits dans des conditions spéciales pour les garantir, autant que possible, contre le tremblement de terre, l'incendie et le coup de vent; jouissant des immunités et avantages de l'entrepôt réel, et ne prélevant sur le commerce qu'un droit de magasinage des plus modérés.

Les avantages que présente ce genre d'établissement sont bien connus; mais il est bon de les faire ressortir au point de vue spécial qui nous occupe :

D'abord, la création des magasins généraux permettra au négociant d'employer son capital actuellement disponible, à de nouvelles nécessités commerciales, puisqu'il n'aura pas à établir des magasins pour son propre compte. Sans doute. il faudra qu'il se construise une habitation particulière.

Mais ici présentement, on va voir comment les magasins généraux aideront à la réédification de la ville, sur un plan d'isolement. Il est évident que du moment où le négociant pourra exercer son commerce avec l'avantage, par le moyen des magasins généraux, il cherchera à se créer une habitation, où il voudra la sécurité, l'aisance et la santé. Or, il lui sera certainement facile de trouver, soit dans l'étendue de la ville, soit en dehors, un emplacement à sa convenance, dans des conditions d'autant plus économiques, qu'il aura le choix du terrain, dont le prix se trouvera réduit. En conséquence, alors, il pourra isoler sa maison, se servir en toute sécurité du bois et de la pierre; se construire une habitation d'autant plus sûre, plus commode et plus économique, qu'il ne sera pas dans la nécessité de l'élever en étages. Le rez-de-chaussée et un premier lui suffiront. Dans l'isolement de sa maison, qu'il pourra entourer de plantations ou de verdure, il trouvera en même temps un air plus pur, plus sain. Au point de vue général, on sait l'influence heureuse que peut avoir sur la santé publique, une bonne disposition des habitations humaines. En bien ! la Pointe-à-Pitre, devenant en quelque sorte une villa, sans perdre sa position commerciale, qui sera au contraire plus importante par son entrepôt, sera une des villes les plus favorisées et les plus agréables des Antilles.

Mais l'avantage le plus important de l'établissement, est certainement la garantie qu'il donnera aux habitants de la colonie pour la conservation des richesses locales et de leur fortunes particulières, qui ne seront plus exposées aux hasards des événements. Ainsi, quelque malheur qui puisse arriver à la ville, on n'aura pas en même temps la crainte de voir toute sa fortune s'engloutir.

En se servant des magasins généraux, le négociant diminuera considérablement ses frais généraux, puisqu'il payera un loyer moins élevé, et qu'il n'aura ni frais de matériel, ni frais de main-d'œuvre. Il est certain en outre que son crédit se fortifiera, se développera en raison de la sécurité qu'il offrira à ses commettants, ou au commerce extérieur. De plus, il pourra augmenter son fond de roulement, par des emprunts sur récépissés de marchandises, ou warants. On ne peut contester l'avantage de système, qui est un grand usage en Angleterre, et qui a été introduit également en France par la création des magasins généraux.

Un autre avantage important des magasins généraux jouissant des immunités de l'entrepos réel, c'est la faculté pour le négociant de n'acquitter les droits de douane ou d'octroi de mer, qu'au fur et à mesure de la sortie de ses marchandises, si elles entrent dans la consommation intérieure; et de n'avoir pas à payer ces droits, si elles sont réexportées. Dans ces conditions le commerce en général d'une ville prend un grand développement; surtout son commerce de transit. La position géographique de la Guadeloupe peut lui permettre d'espérer, dans les mêmes conditions, un commerce extérieur aussi important au moins que celui de Saint-Thomas.

Enfin, la création des magasins généraux permettra de résoudre la question tout aussi importante des assurances dans les colonies. Il est évident en effet que les compagnies consentiront des polices d'assurance, dans les conditions de sécurité qui vont être établies, non-seulement aux magasins généraux et à leur marchandises, mais encore aux établissements particuliers de la ville.

VI.

Voici maintenant le projet développé dans la pratique et dans ses résultats économiques. La question technique et les plans sont dûs à M. A. Vuigner, ingénieur civil, Membre du Conseil d'administration de la Compagnie des magasins généraux de Paris.

Question technique. — L'expérience montre que les constructions élévées à la Pointe-à-Pitre sont menacées de trois sortes de dangers tenant au climat et aux circonstances locales : le danger de l'incendie, celui des ouragans, et enfin celui des tremblements de terre. La première de ces causes de destruction peut être évitée en employant exclusivement des matériaux incombustibles : le fer, la fonte, la pierre et la brique ; pour résister aux vents les plus violents, les bâtiments doivent être aussi peu élevés que possible et présenter une toiture très-plate et bien protégée sur ses bords. Quant aux tremblements de terre, ils mettent en jeu des forces dont l'intensité et les effets échappent entièrement aux prévisons et aux calculs, et aucun système de construction ne peut être considéré comme propre à y résister d'une manière absolue.

Les conditions de résistance relative les plus favorables, sont une faible hauteur des bâtiments, et l'emploi dans la construction de pièces rigides assemblées de manière à former un ensemble à peu près indéformable, et dont la stabilité ne dépend pas, comme celle des murs, presque exclusivement du poids des matériaux. Les pans de bois et les charpentes en fer présentent à ce point de vue d'excellentes conditions de stabilité.

Les dessins annexés à la présente note donnent les coupes et élévations de deux types de bâtiments à usage de magasins généraux, spécialement étudiés en vue des précédentes considérations, qui prennent ici une importance toute particulière, en raison des garanties de sécurité qu'exige impérieusement cette destination.

Le premier type de bâtiment, d'une largeur de 27 mètres hors œuvre, choisie intérieurement en six travées de 4^m.25, et d'une longueur variable suivant la configuration du terrain, mais divisée en travée de 4 mètres, comporte un rez-de-chaussée présentant une hauteur sous poutre assez grande pour permettre de gerber facilement les boucoults de sucre sur trois rangs, et d'arrimer les matières encombrantes de manière à utiliser largement la surface couverte. La distance du sol du rez-de-chaussée à celui de l'étage a été fixée dans ce but à 5 mètres, ce qui donne pour le rez-de-chaussée

4^m.60 de hauteur sous les solives, et 4^m.20 de hauteur sous les poutres. L'étage supérieur n'a pas besoin d'une aussi grande élévation, parce que la quantité des marchandises à y entreposer est limitée par la résistance du plancher. La plus petite hauteur sous les solives est de 3^m. et la plus petite hauteur sous les poutres est de 2^m.50.

Le plancher calculé en prévision d'une charge maxima de 1200 kil. par mètre superficiel (non compris son propre poids), est composé de poutres à double T de 0^m.40 de hauteur, supportant des solives également en fer à double T de 0^m.235 de hauteur, espacées de 0^m.85 d'axe en axe. Sur les solives sont disposés des fers à simple T, espacés d'environ 0^m.24, destinés à recevoir des briques creuses hourdées en plâtre. Le plancher ainsi constitué doit être couvert d'un dallage en asphalte de 0^m.15 d'épaisseur; les dallages imperméables et incom-bustibles appliqués aux planchers de magasins, ont la propriété particulière de s'opposer de la manière la plus efficace à la transmission d'un étage à l'autre, d'un incendie partiel, s'il venait à éclater dans le rez-de-chaussée.

Le mode de couverture adoptée, consiste en une terrasse établie sur un plancher en fer beaucoup plus léger que le précédent (il est calculé pour une charge de 300 k. compris son poids), le plancher est composé de solives de 140^{mm}. de hauteur reposant sur des poutres en treillis de 0^m.50 de hauteur, qui embrassent chacune deux travées. Sur ce plancher hourdé en platras ou pierre ponce et plâtre doit être aussi établi un dallage en asphalte. Les avantages de cette disposition consistent à s'opposer entièrement à la propagation par le toit d'un incendie venant de l'extérieur; à ne présenter aucune prise aux vents les plus violents; enfin à préserver l'intérieur du bâtiment de la chaleur beaucoup plus effica-

cement que ne pourrait le faire une couverture mé-
tallique.

Le profil de la terrasse présente sur la travée centrale
une surface courbe de 0^m.07 de flèche, et sur les travées latérales une pente de 0^m.03 par mètre, suffisante
pour assurer aux eaux pluviales un écoulement rapide.
Les eaux sont reçues de chaque côté du bâtiment dans
un cheneau en fonte qui forme pour le mur d'enveloppe
un recouvrement d'une grande solidité sur les faces latérales des magasins. De deux en deux travées un tuyau
de descente les conduit dans un caniveau à pratiquer
sous le sol du trottoir.

Les supports verticaux du plancher et de la terrasse
consistent en colonnes de fer forgé du diamètre de
115^{mm}, au rez-de-chaussée, et de 70^{mm}, au premier étage.
Le fer forgé a été préféré pour cet usage à la fonte,
malgré l'augmentation de dépense qui en résulte, comme
présentant une résistance beaucoup plus grande à la
rupture dans le cas d'un ébranlement du sol.

De chaque côté du bâtiment, les supports extrêmes
sont doubles ; ils sont formés à l'intérieur d'une colonne,
et à l'extérieur d'un fer à T, reliés de distance en distance par des entactoises et des croix de Saint-André,
de manière à former un ensemble indéformable, de
0^m.80 de largeur à la base, présentant par conséquent
une très-grande stabilité et remplissant par rapport au
mur les fonctions de contrefort. Les murs eux-mêmes
seront seulement d'enveloppe, et ne contribuent en rien
à la stabilité du bâtiment. Ils sont prévus en maçonne-
rie de briques et mortier hydraulique de 0^m.34 d'épaisseur, et couronnés au-dessus de la terrasse par un ban-
deau en pierre sur les deux faces perpendiculaires à
l'axe du bâtiment. La stabilité des murs est assurée par
l'encastrement des contreforts métalliques dont nous ve-

nons de parler, et par leur liaison avec le plancher, et la terrasse supérieure.

Le prix de revient de la construction ainsi établie, d'après l'avant-métré dressé en vue de la présente étude pour un bâtiment de 27^m. de largeur sur 57^m.50 de longueur hors d'œuvre, est de 200 francs par mètre superficiel.

Deux bâtiments de cette largeur, séparés par un passage de 6^m., pourraient être établis dans le terrain marqué B sur le plan de la ville ci-annexé.

Le deuxième type de bâtiment proposé comporte seulement un rez-de-chaussée de 5^m. de hauteur sous les solives, et de 4^m.50 de hauteur sous poutres. Le sol du rez-de-chaussée est établi à 1^m.10 au-dessus du sol extérieur, c'est-à-dire au niveau du plancher des voitures, ce qui facilite notablement les chargements et les déchargements des marchandises, et présente des garanties complètes contre l'humidité en temps de pluie. Cette disposition n'a pas été adoptée pour le type précédent, afin de diminuer autant que possible, dans l'intérêt de la stabilité, la hauteur totale de la construction.

En plan, le bâtiment a une lageur totale de 60^m. hors d'œuvre (en vue du terrain B marqué B sur le plan). Cette largeur est divisée en deux sections, comprenant chacune trois travées de 9^m., et séparées au milieu du magasin par une travée de 4^m.50, formant passage au niveau du sol extérieur. Ce passage est couvert par un plancher établi à 1^m.50 en contrebas des terrasses couvrant le reste du bâtiment. Au-dessus du plancher en question, sont pratiquées de chaque côté, dans les parois verticales, des fenêtres pour l'éclairage et l'aérage du magasin, qui en raison de sa largeur ne peut être éclairé seulement par les côtés.

Dans le sens perpendiculaire à l'axe, les travées ont seulement 4^{m}00 de largeur : le système de construction est d'ailleurs entièrement semblable à celui du magasin à étage qui vient d'être décrit.

Le prix de revient de cette construction, d'après avant métré, est de 90 fr. par mètre superficiel.

Avant d'aller plus loin, nous devons examiner lequel des deux types de bâtiment en question mérite la préférence. La valeur des terrains propres à la construction de l'établissement projeté peut être estimée, d'après les renseignements qui nous ont été fournis, à 40 fr. le mètre superficiel. Le magasin à étage reviendra donc, terrain compris, à 240 fr. le mètre, et la surface utilisable, en tenant compte de l'étage, coûtera la moitié de ce prix, soit 120 fr. Le magasin sans étage reviendra, d'après les mêmes données, à 130 fr. le mètre superficiel, terrain compris; il est donc un peu plus coûteux que le précédent. Nous n'hésitons cependant pas à conseiller de le préférer, par les deux motifs suivants :

1° L'exploitation en est moins coûteuse que celle du magasin à étage, par suite de la suppression des frais de montage ou de descente des marchandises entre le niveau du sol et celui du plancher.

2° Le magasin à simple rez-de-chaussée présente une sécurité incomparablement plus grande que le magasin à étage, au point de vue des secousses des tremblements de terre. En effet, quelle que soit la résistance et l'élasticité des assemblages qui unissent un plancher en fer à ses supports verticaux, il est impossible d'assurer que cette résistance suffira pour détruire l'énorme somme de travail mécanique correspondant au moindre déplacement lotéral d'un vaste plancher pesamment chargé, sous l'action des secousses du sol. Il est par conséquent impossible d'assurer, qu'une secousse, même assez faible, n'entraînerait pas l'écroulement du plancher.

Nous supposerons donc, pour la suite de cette étude,

que l'établissement projeté se composera exclusivement de bâtiments sans étages.

Nous ne ferons que mentionner ici, comme annexe de l'entreprise la construction projetée de bureaux destinés à être offerts en location aux négociants de la ville, soit sur les terrains de la Compagnie, soit sur le quai, si leur établissement y était autorisé ; et de plus, la construction d'une jetée en prolongement de l'un des môles voisins de la douane, pour permettre de charger ou décharger sans transbordement les navires d'un fort tirant d'eau.

Question économique. — Au point de vue économique, le projet se présente dans les conditions qui vont être exposées :

D'après les documents officiels du ministère de la marine, le mouvement totale de navigation de la colonie de la Guadeloupe se résume pour l'année 1869 par les chiffres suivants :

    Exportation : 520 navires et 71,970 tonneaux.
    Importation : 536 navires et 73,227 tonneaux.

Mouvement total : 1056 navires et 145,197 tonneaux.

La statistique ne distingue pas dans les chiffres ci-dessus la part spéciale du port de la Pointe-à-Pitre, mais on peut l'évaluer d'après une autre donnée, puisée à la même source.

Le commerce total de la colonie, importation et exportation, atteint le chiffre de 40,247,288 fr.

Le commerce particulier de la Pointe-à-Pitre entre dans cette somme pour 38,537,074 fr.

Soit en nombres ronds pour les 19/20 du total.

Nous prendrons pour base les chiffres qui précèdent, et nous admettrons que le mouvement total annuel du port de la Pointe-à-Pitre est de 138,000 tonneaux.

Une grande partie des marchandises comprises dans ce chiffre, livrée directement à la consommation ou reçue dans des magasins particuliers, n'entrera pas dans les magasins généraux. Nous croyons être modérés en admettant que 40,000 tonnes seulement, représentant un peu moins du tiers du mouvement total, passeront par l'établissement projeté.

Sur ces 40,000 tonnes, il faut compter 20 à 25,000 tonnes de sucre, sur une production totale de 35 à 40,000 tonnes, dont le mouvement est réparti sur une période de six à huit mois, et dont le séjour en magasin est généralement de courte durée. Cette considération nous conduit à penser qu'une contenance totale de 10,000 tonnes suffirait pour satisfaire aux besoins du commerce.

Il y aurait lieu d'établir, d'après cette donnée, dix mille mètres carrés de construction, qui peuvent contenir, en tenant compte des espaces perdus, une tonne par mètre carré.

L'emplacement le plus favorable à la construction de ces magasins serait le quai où se trouve la douane; il y aurait lieu d'acquérir à cet effet les îlots de terrains désignés par les lettres A, B, C, D, sur le plan ci-annexé. En prenant la partie du terrain D limitée par un tracé rouge, et en supprimant l'une des rues, comme l'indique le plan, on obtiendrait une surface totale de 14,000 mètres en nombre rond. Il serait imprudent de prendre moins, d'abord parce que les terrains ne peuvent pas être entièrement couverts de constructions, ensuite parce que tout développement de l'entreprise pourrait devenir très-difficile à l'avenir, dans le cas d'insuffisance des terrains acquis.

En partant de ces données, le capital à consacrer à l'entreprise des magasins généraux peut être évalué comme suit :

Acquisition de terrains, 14,000 à 40 fr.	560,000	»
Construction de magasins, 10,000 mètres à 90 francs..................	900,000	»
Matériel d'exploitation, voies ferrées et accessoires.....................	25,000	»
Pavage, empierrements, égoûts......	20,000	»
Construction d'une jetée pour les navires d'un fort tirant d'eau.............	50,000	»
Bureaux de l'administration et bureaux en location.....................	30,000	»
Dépenses imprévues et fond de roulement......................	215,000	»
Total........	1,800,000	»

Les produits de l'opération dépendent du mode d'établissement des tarifs d'exploitation, dont l'étude détaillée demande une attention approfondie.

Dès à présent, les produits bruts peuvent être évalués, en prenant pour base les prix de magasinage et de manutention actuellement perçus dans la localité pour les sucres, prix qui varient de 4 fr. 50 à 5 fr. par boucant, quelle que soit la durée du magasinage. Nous ferons observer à ce sujet que cet usage, qui est à maintenir pour les sucres, pourrait être appliqué avec avantage aux autres marchandises, à l'exemple de l'usage adopté dans certains docks anglais de percevoir un minimum de trois mois de magasinage. Le prix moyen à appliquer aux marchandises autres que les sucres peut être fixé à 10 fr. par tonne (magasinage et manutention).

Dans ces conditions les produits seront :

20,000 tonnes de sucre à 9 fr....	180,000	»
20,000 tonnes marchandises diverses, à 10 fr.............	200,000	»
Total.......	380,000	»

Ces prix sont notablement supérieurs à ceux des entrepôts de Paris, dans lesquels la perception moyenne pour magasinage et manutention est seulement de 6 fr. par tonne; mais il faut observer qu'une concurrence extrêmement active va nécessiter l'adoption des tarifs très-bas, qui ne donnent pas aux capitaux engagés une rémunération suffisante. Au contraire, le prix moyen proposé soutient parfaitement la comparaison avec ceux du Hâvre, de Londres et de Liverpool.

D'autre part, les frais d'exploitation calculés pour un mouvement de 40,000 tonnes joints aux charges diverses dont l'entreprise peut être grevée, sont estimés à 180,000 francs.

Il reste donc pour le produit net de l'exploitation normale 200,000 fr., somme qui assure au capital engagé une large rémunération.

VII

Constitution du Capital. — Il existe deux combisons, également favorables pour la création de l'établissement des magasins généraux à la Pointe-à-Pitre.

Dans l'une, la ville se chargerait des travaux, en aurait la charge, la responsabilité, et bénéficierait des résultats de l'exploitation.

Dans l'autre, elle céderait le privilége à une Compagnie, qui exécuterait les travaux, et exploiterait pour son propre compte.

Dans les deux cas, la ville se chargerait des expropriations, pour l'acquisition des terrains nécessaires à l'établissement.

Si la ville donnait la préférence à la création d'une

Compagnie, celle-ci supporterait, bien entendu, les indemnités à payer aux expropriés.

La ville se chargeant elle-même de la construction des magasins généraux, aurait à contracter un emprunt municipal, dont elle déterminerait les modes de garantie, d'émission et de jouissance. Dans un moment où un épouvantable désastre vient de frapper la Pointe-à-Pitre, l'emprunt serait certainement favorablement accueilli dans la métropole.

Les banques coloniales et leur agence à Paris pourraient être chargées de réaliser cet emprunt.

Les conditions les plus favorables pour la souscription seraient d'émettre avec prime des obligations divisées en coupons de 100 francs, rapportant 6 p. 100, et remboursables en vingt ans, par voie de tirage au sort. Des lots pourraient être attachés aux premiers numéros sortant, comme cela se pratique pour les emprunts municipaux de la Ville de Paris.

La Ville cédant son privilége à une Compagnie, celle-ci, sous la forme de l'anonyma, représenterait son capital par des actions de 500 francs, qu'elle placerait par voie de souscription publique. Les banques coloniales et leur agence à Paris, seraient autorisées à prêter leur concours à l'opération. Elles seraient rémunérées par des avantages stipulés en leur faveur. De plus, elles seraient chargées de préférence du service des fonds de la Compagnie; lequel consisterait à recevoir en France le dépôt en compte courant des sommes de la Compagnie, et à payer dans la colonie, suivant les formalités statutaires, les sommes à verser dans la colonie.

Il serait stipulé dans le traité à intervenir entre la ville et la Compagnie que le trésor colonial percevra dans le revenu de l'exploitation des magasins géné-20 p. 100, dont 10 p. 100 au profit de la ville de la Pointe-à-Pitre.

C'est au gouvernement local et à l'administration de la ville à juger laquelle des deux combinaisons exposées, mérite la préférence ! L'auteur se permettra seulement de faire remarquer que le second projet a l'avantage de ne pas engager la ville dans une opération commerciale, qui ne rentre pas généralement dans les attributions d'une administration publique.

Si l'un des projets était pris en considération, l'auteur croit pouvoir affirmer la très-prompte réalisation du capital nécessaire à l'établissement.

L'auteur M.-V.-H. Thomas de Closmadeuc, croit faire acte de dévouement à la colonie, en soumettant au Gouvernement et à l'administration coloniale, un moyen qu'il croit devoir contribuer puissamment à alléger, en un moment critique, les charges de la population de la Pointe-à-Pitre, et à vivifier le commerce de la colonie.

Paris, le 11 octobre 1872.

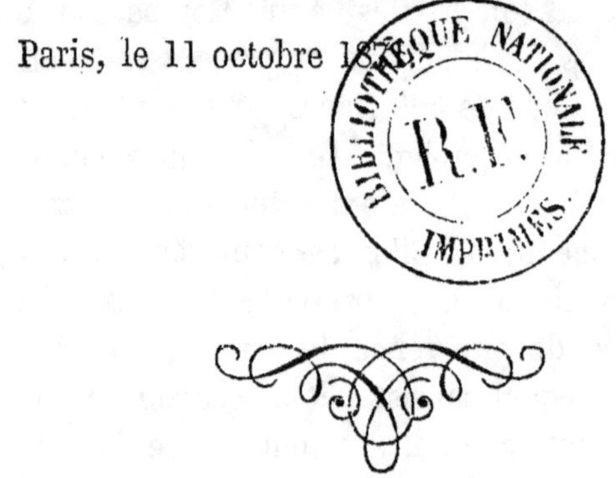